BEI GRIN MACHT SICH IHR WISSEN BEZAHLT

Bibliografische Information der Deutschen Nationalbibliothek:

Die Deutsche Bibliothek verzeichnet diese Publikation in der Deutschen National-
bibliografie; detaillierte bibliografische Daten sind im Internet über http://dnb.d-
nb.de/ abrufbar.

Impressum:

Copyright © 2010 GRIN Verlag, Open Publishing GmbH
Druck und Bindung: Books on Demand GmbH, Norderstedt Germany
ISBN: 9783640604302

Dieses Buch bei GRIN:

http://www.grin.com/de/e-book/148498/maria-stuart-schottlands-tragische-koenigin

Ernst Probst

Maria Stuart - Schottlands tragische Königin

GRIN Verlag

GRIN - Your knowledge has value

Der GRIN Verlag publiziert seit 1998 wissenschaftliche Arbeiten von Studenten, Hochschullehrern und anderen Akademikern als eBook und gedrucktes Buch. Die Verlagswebsite www.grin.com ist die ideale Plattform zur Veröffentlichung von Hausarbeiten, Abschlussarbeiten, wissenschaftlichen Aufsätzen, Dissertationen und Fachbüchern.

Besuchen Sie uns im Internet:

http://www.grin.com/

http://www.facebook.com/grincom

http://www.twitter.com/grin_com

Ernst Probst

Maria Stuart

Schottlands
tragische Königin

Meinen Töchtern
Beate und Sonja
gewidmet

*Königin Maria Stuart
von Schottland (1542–1587)
Bild: Reproduktion
eines Gemäldes
eines unbekannten Künstlers*

Als berühmteste, berüchtigtste und bedauernswerteste Königin Schottlands galt Maria Stuart (1542–1587). Sie war nacheinander Königin zweier Länder und wollte vergeblich Herrscherin eines dritten Landes werden. Ihr erster Ehemann starb früh, der zweite Gatte taugte nichts und wurde ermordet, der dritte Gemahl musste flüchten. Zuletzt verlor sie fern der Heimat im Land ihrer Todfeindin ihren Kopf.

Der Beginn des Lebens von Maria Stuart stand unter einem unglücklichen Stern. Als sie am 8. Dezember 1542 in Linlithgow (Schottland) das Licht der Welt erblickte, erhofften sich ihre Eltern sehnlichst einen männlichen Thronfolger, da sie zuvor zwei Söhne in jungen Jahren verloren hatten. Ihr Vater war König Jakob V. von Schottland (1512–1542), ihre Mutter Maria von Guise (1515–1560) kam aus Frankreich und war die zweite Ehefrau.

Jakob V. stammte aus der Ehe von König Jakob IV. von Schottland (1473–1513) und dessen Gattin Margaret Tudor (1489–1541), der zweiten Tochter von König Heinrich VII. Tudor von England (1457–1509) und Elisabeth von York (1466–1503) sowie Schwester von Heinrich VIII. Tudor (1491–1547). Nach der Ermordung von Jakob IV. ehelichte Margaret zunächst Archibald Douglas, 6. Earl von Angus (1490–1557), von dem sie die Tochter Margaret Douglas (1515–1577) hatte, die später die Mutter von Henry Stuart, Lord Darnley (1545–1567), wurde, der im Leben von Maria

König Jakob V.
von Schottland (1512–1542),
Vater von Maria Stuart
Bild: Ausschnitt aus einem Gemälde
eines unbekannten Künstlers

Maria von Guise (1515–1560),
Ehefrau von König Jakob V. von Schottland
und Mutter von Maria Stuart
Bild: Ausschnitt aus einem Gemälde
eines unbekannten Künstlers

König Jakob IV.
von Schottland (1473–1513)
Bild: Reproduktion
eines Gemäldes
eines unbekannten Künstlers

Margaret Tudor (1489–1541),
zweite Tochter von König Heinrich VII. von England
und Ehefrau von König Jakob IV. von Schottland
Bild: Reproduktion eines Gemäldes
eines unbekannten Künstlers

König Heinrich VII. Tudor
von England (1457–1509)
Bild: Reproduktion eines Gemäldes
von Michael Sittow (1469–1525)
aus dem Jahre 1500

Elisabeth von York (1466–1503),
Ehefrau von
König Heinrich VII. Tudor von England,
mit der weißen Rose ihrer Familie
Bild: Reproduktion eines Gemäldes

König Heinrich VIII. Tudor
von England (1491–1547)
Bild: Reproduktion eines Gemäldes
von Hans Holbein dem Jüngeren (1497/1498–1543),
Original in der Walker Art Gallery, Liverpool

Stuart noch eine Rolle spielen sollte. Nach der Scheidung von Angus heiratete sie Henry Stuart, den späteren Lord Methven. Auch die Ehe mit ihm endete mit einer Scheidung.

Schottland war früher ein rückständiges Land, in dem der Reichtum nach Ländereien und Schafen bemessen wurde. König Jakob V. beispielsweise besaß rund 10.000 Schafe, aber keinen Kronschatz, keine Armee und keine Leibgarde.

Angeblich hat der Vater von Maria Stuart deren Geburt mit den Worten kommentiert: „Mit einem Mädchen hat es begonnen, mit einem Mädchen wird es enden". Damit soll er darauf angespielt haben, dass die Dynastie der Stuarts durch eine Heirat mit Margaret Bruce (1296–1316), der einzigen Tochter von König Robert I. (1274–1329), den Thron von Schottland bestiegen hatte und nun mit einer neugeborenen Königin unterzugehen drohte.

König Jakob V. starb einige Tage nach der Geburt von Maria Stuart am 14. Dezember 1542 im Alter von 30 Jahren im Falkland Palace (Schottland). Er erlag den Folgen schwerer Verletzungen, die er in der verlorenen Schlacht bei Solway Moss gegen die Engländer im November 1542 erlitten hatte.

Kriegsgegner England schickte nach der Geburt von Maria Stuart seine Glückwünsche. Der englische König Heinrich VIII. Tudor warb für seinen fünfjährigen Sohn Eduard VI. Tudor (1537–1553) um die Hand der

Eduard VI. Tudor (1537–1553),
Sohn von König Heinrich VIII. Tudor von England
Bild: Reproduktion eines Gemäldes
eines unbekannten Künstlers um 1547,
Original in der National Portrait Gallery, London

Johanna Seymour (1509–1537),
Mutter von Eduard VI. Tudor
Bild: Reproduktion eines Gemäldes
von Hans Holbein dem Jüngeren,
Original im Kunsthistorischen Museum, Wien

James Hamilton,
2. Earl von Arran (1515/1516–1575),
Regent für Königin Maria Stuart
von Schottland
Bild: Reproduktion eines Gemäldes

schottischen Königstochter. Eduard stammte aus der
Ehe mit Heinrichs dritter Frau Johanna Seymour (1509–
1537). Durch den Heiratsantrag wollte England ohne
Blutvergießen in den Besitz von Schottland kommen.
Am 14. Dezember 1542 wurde Maria Stuart im Alter
von nur sechs Tagen Königin von Schottland. Bis 1544
fungierte James Hamilton, 2. Earl von Arran (1515/
1516–1575), der Nächste in der Thronfolge, als Regent.
Von 1544 bis 1560 herrschte Maria von Guise als
Regentin für ihre Tochter Maria Stuart.
Im Juli 1543, als Maria Stuart sechs Monate alt war,
wurde vertraglich vereinbart, dass sie neun Jahre später
mit dem künftigen englischen König Eduard VI. Tudor
vermählt werden sollte. Ihre Erben solllten in
Personalunion über England und Schottland herrschen.
Am 9. September 1543 krönte man Maria Stuart formell
in Stirling Castle. Dabei trug sie königliche Roben, die
speziell auf ihre kindliche Körpergröße abgestimmt
worden waren, sonst aber weitgehend dem Original
entsprachen.
Wenige Wochen nach der Krönung löste das schottische
Parlament den Vertrag mit England auf. Heinrich VIII.
Tudor hatte verlangt, Schottland solle seine traditionelle
Allianz mit Frankreich – ein Defensivbündnis beider
Länder gegen England – auflösen, was abgelehnt wurde.
Dies erzürnte König Heinrich VIII. Tudor. so sehr, dass
er gegen Schottland in den Krieg zog, um mit
Waffengewalt dem Sohn die versprochene Frau ins Haus

Eduard Seymour,
Herzog von Somerset (um 1500–1552)
Bild: Reproduktion eines Gemäldes
von Hans Holbein dem Jüngeren
um 1540

zu holen. Es war eine der brutalsten Brautwerbungen der Geschichte. Im Mai 1544 erreichte Eduard Seymour, Herzog von Somerset (um 1500–1552), mit seiner Flotte den Hafen von Leith in Schottland. Er sollte Edinburgh einnehmen und die junge Königin entführen. Doch Maria von Guise konnte ihre Tochter in geheimen Räumen von Stirling Castle verstecken.

Der Krieg zwischen den verfeindeten Ländern England und Schottland ging auch nach dem Tod von König Heinrich VIII. am 28. Januar 1547 weiter. Nachfolger wurde sein neunjähriger Sohn Eduard VI., für den dessen Onkel Eduard Seymour, Herzog von Somerset, als Regent herrschte.

In der Schlacht bei Pinkie Cleugh am 10. September 1547 erlitt Schottland eine verheerende Niederlage. Maria von Guise brachte ihre Tochter Maria zunächst in der Priorei von Inchmahome in Sicherheit und wandte sich um Hilfe suchend an den französischen Botschafter. König Heinrich II. (1519–1559) von Frankreich schlug die Vereinigung Schottlands mit Frankreich vor, indem Maria Stuart seinen erstgeborenen Sohn Franz heiraten sollte.

Im Februar 1548 schickte Maria Guise ihre Tochter nach Dumbarton Castle. Inzwischen hatte England zahlreiche Überfälle auf das Gebiet von Schottland durchgeführt. Die Engländer eroberten die strategisch wichtige schottische Stadt Haddington, wurden dort aber im Juni 1548 von der französischen Armee vertrieben.

König Heinrich II.
von Frankreich (1519–1559) ,
Schwiegervater von Maria Sturt
Bild: Reproduktion eines Gemäldes
von Francois Clouet (um 1505–1572)

Franz II.
von Frankreich (1544–1560) ,
erster Ehemann von Maria Stuart
Bild: Reproduktion eines Gemäldes
von Francois Clouet

Am 7. Juli 1548 wurde in einem Nonnenkloster bei Haddington die Heiratsvereinbarung zwischen Maria und Franz II. (1544–1560) unterzeichnet. Einen Monat später legte die französische Flotte am 7. August 1548 in Dumbarton ab und brachte die fünfjährige Königin von Schottland nach Frankreich. Die Überfälle von England auf Schottland währten bis Juni 1551 und schwächten das Land merklich.

Die lebhafte, hübsche und intelligente Maria Stuart wurde in das Exil nach Frankreich von ihrem eigenen kleinen Hofstaat begleitet. Dazu gehörten zwei Lords, zwei Halbbrüder und vier Mädchen gleichen Alters namens Maria („vier Marys") aus den angesehensten adligen Familien Schottlands: Beaton, Seton, Fleming und Livingston. Am französischen Hof erhielt Maria Stuart Unterricht in Latein, Spanisch, Italienisch und möglicherweise auch Griechisch. Französisch war ihr ganzes Leben lang ihre Muttersprache. Außerdem lernte sie, zwei Musikinstrumente zu spielen, Reiten, die Falknerei und Nadelarbeiten. Damals nahm sie den Nachnamen Stuart an, was die französische Schreibweise von Stewart war.

1549 wurde der fünfjährige französische Thronfolger Franz II. der Verlobte der sechsjährigen Maria Stuart. Am 6. Juli 1553 starb der englische König Eduard VI. im Alter von nur 15 Jahren. Nachfolgerin wurde seine Halbschwester Maria I. Tudor (1516–1558), die Tochter von Heinrich VIII. aus seiner ersten Ehe mit Katharina

Königin Maria I. Tudor von England (1516–1558),
Tochter von Heinrich VIII. Tudor und Katharina von Aragon
Bild: Reproduktion eines Gemäldes
von Anthonis Mor (um 1520–1576/1578,
Original im Museo Nacional de Prado, Madrid

Katharina von Aragon (1485–1536),
erste Ehefrau von König Heinrich VIII. Tudor von England
und Mutter von Königin Maria I. Tudor
Bild: Reproduktion eines Gemäldes von Michel Sittow,
Original im Kunsthistorischen Museum, Wien

König Philipp II. von Spanien (1527–1598),
Ehemann von
Königin Maria I.Tudor von England
Bild: Reproduktion eines Gemäldes
von Alonso Sánchez Coello (1531/1532–1588)

Franz II.
von Frankreich (1544–1560) ,
und Maria Stuart
Bild: Reproduktion eines Gemäldes
eines unbekannten Künstlers um 1558

*Maria Stuart
im Alter von 13 Jahren
Bild: Reproduktion
eines Gemäldes
von Francois Clouet um 1555*

Königin Elisabeth I. Tudor von England (1533–1603)
Krönungsporträt von 1559.
Bild: Reproduktion
eines Gemäldes eines unbekannten Künstlers,
Original in der National Portrait Gallery, London

Anna Boleyn (1507–1536),
zweite Ehefrau von König Heinrich VIII. Tudor von England
und Mutter von Elisabeth I. Tudor
Bild: Reproduktion eines Gemäldes
eines unbekannten Künstlers, Original in Hever Castle, Kent

*Königin Maria Stuart
von Schottland (1542–1587)
Bild: Reproduktion
eines Gemäldes
um 1560/1561*

von Aragon (1485–1536). Maria I. Tudor heiratete 1554
den katholischen spanischen Thronfolger Philipp II.
(1527–1598), den man 1556 zum König krönte. In
England ließ sie wieder den katholischen Glauben
einführen und Protestanten hinrichten.

Am 24. April 1556 heiratete Maria Stuart – wie
vertraglich vereinbart – den ein Jahr jüngeren französischen Thronfolger Franz. Die prachtvolle Hoch-
zeitszeremonie fand in der Kathedrale Notre-Dame in
Paris statt.

Nach dem Tod von Maria I. Tudor am 18. Februar 1558
beanspruchte Maria Stuart den englischen Thron. Sie
war – wie erwähnt – die Urenkelin von König Heinrich
VII. Tudor von England, der die Dynastie der Tudors
begründet hatte.

Statt Maria Stuart krönte man am 15. Januar 1559 –
dem Thronfolgegesetz folgend – die protestantische
Elisabeth I. Tudor (1553–1603), die Tochter von
Heinrich VIII. aus dessen zweiter Ehe mit Anna Boleyn
(1507–1536), zur Königin von England. König Heinrich
II. von Frankreich erklärte Elisabeth I. Tudor zur
Bastardin und ihre Thronbesteigung für usurpatorisch
und ließ seine Schwiegertochter Maria Stuart zur
Königin von England ausrufen. Maria führte fortan das
königliche Wappen von England neben dem von
Schottland und Frankreich.

Viele Menschen lehnten damals Elisabeth I. Tudor als
englische Königin ab. Heinrich VIII. hatte Anna Boleyn

erst nach der Geburt von Elisabeth geheiratet. Nach der Hinrichtung von Anna hatte das englische Parlament auf das Betreiben von Heinrich seine Tochter Elisabeth für illegitim erklärt.

Bei einem Turnier am 30. Juni 1559 drang König Heinrich II. ein Splitter von einer zerborstenen Lanze durch das Auge ins Gehirn. Elf Tagen später erlag er seiner Verletzung. Nach dem Tod seines Vaters am 10. Juli 1559 wurde der 15-jährige Franz II. neuer König von Frankreich und Maria Stuart nun Königin von Frankreich. Franz II. stand jedoch ganz unter dem Einfluss seiner Mutter Katharina von Medici (1519–1589) und der Herzöge von Guise.

Am 11. Juni 1560 starb Maria Stuarts Mutter, Maria von Guise. Im Juni 1560 vereinbarten England und Schottland nach einem weiteren Krieg im Friedensvertrag von Edinburgh, dass Schottland protestantisch wird und Maria Stuart keinen Anspruch mehr auf den englischen Thron erheben darf. Vertragsgemäß zog Frankreich seine Truppen aus Schottland ab und erkannte die Herrschaft von Elisabeth I. Tudor über England an. Die 18-jährige Maria Stuart, die in Frankreich geblieben war, weigerte sich aber, den Friedensvertrag zu unterzeichnen.

Maria Stuarts kränklicher Gatte Franz II. starb am 5. Dezember 1560 im Alter von nur 16 Jahren an Tuberkulose. Danach herrschte Katharina von Medici von 1560 bis 1563 als Regentin für ihren dritten Sohn

Maria Stuart (1542–1587)
als junge Witwe
Bild: Reproduktion
eines Gemäldes
eines unbekannten Künstlers

Katharina von Medici (1519–1589),
Schwiegermutter von Maria Stuart
Bild: Reproduktion eines Gemäldes
von Francois Clouet,
das um 1555 entstand

König Karl IX.
von Frankreich (1550–1574),
Bild: Reproduktion
eines Gemäldes
eines unbekannten Künstlers

John Knox (1505–1572),
Reformator in Schottland
Bild: Reproduktion
eines Gemäldes
eines unbekannten Künstlers

Karl IX. (1550–1574), einen Bruder von Franz II., in Frankreich.

Maria Stuart hat sich mit ihrer Schwiegermutter Katharina von Medici nicht gut verstanden. Sie bezeichnete ihre Schwiegermutter verächtlich als „Krämerstochter aus Florenz", womit sie auf deren italienische Herkunft anspielte.

1561 kehrte Maria Stuart nach 13-jähriger Abwesenheit über Calais in ihre Heimat Schottland zurück, um dort die Regierung zu übernehmen. Am Morgen des 19. August 1561 betrat sie bei dichtem Nebel in Leith erstmals wieder schottischen Boden. Schon in den ersten Stunden erkannte sie schmerzlich die Armut ihrer Heimat. Am 2. September 1561 jubelte das Volk in der Hauptstadt Edinburgh seiner schönen 18-jährigen Königin zu.

In ihrer Heimat hatte die Katholikin Maria Stuart als Herrscherin einen schweren Stand. Dort gründete der evangelische Adel die reformierte schottische National-kirche, deren Führer John Knox (1505–1572) der größte Feind der Königin war. Mit Knox hatte Maria einige stürmisch verlaufende Begegnungen. Die Nationalkirche geriet in Konflikt mit Maria Stuart und erhielt militäri-sche Hilfe aus England. Maria musste für ihr Land den Protestantismus als Staatsreligion anerkennen, bestand aber für sich selbst auf dem katholischen Glauben.

Die Katholiken in Schottland waren von Maria Stuart enttäuscht, weil diese sich nicht aktiv für ihr Anliegen

James Stuart,
1. Earl von Moray (um 1531–1570),
Halbbruder von Maria Stuart
Bild: Reproduktion
eines Gemäldes,

einsetzte, die protestantische Mehrheit tolerierte und ihren protestantischen Halbbruder James Stuart (um 1531–1570) zu ihrem wichtigsten Berater wählte. James war der illegitime Sohn von König Jakob V. und Margaret Douglas von Lochleven.

Unter Führung ihres Halbbruders bereiste Maria Stuart 1562 den Norden von Schottland und unterwarf dort ihren Cousin George Gordon, 4. Earl von Huntly (1414–1562), den Anführer der katholischen Opposition. George Gordon erlitt nach der verlorenen Schlacht von Corrichie am 28. Oktober 1562 einen Schlaganfall und fiel vor den Augen von Maria und ihres Halbbruders tot vom Pferd. Sein Sohn John Gordon wurde am 2. November 1562 hingerichtet. Auf dem Weg zum Schafott gestand er in einer aufwühlenden Rede seine Liebe zur Königin, die einen Nervenzusammenbruch erlitt. Maria war von ihrem Halbbruder gezwungen worden, der Hinrichtung beizuwohnen.

Maria Stuart wollte die Spannungen zwischen ihr und Königin Elisabeth I. Tudor mit einer Einladung nach Edinburgh ausräumen, aber die Herrscherin von England weigerte sich und die Spannungen blieben. Maria schickte Sir William Maitland von Lethington (1525/1528–1573) als Botschafter an den englischen Hof, damit er ihr Vorteile auf den Thron von England sichern sollte. Elisabeth soll dazu erklärt haben, bei der Würde der Krone glaube sie, dass Maria diese in ihrer Zeit niemals erlangen werde.

Robert Dudley,
1. Earl von Leicester (1532–1588)
Bild: Reproduktion
eines Gemäldes
eines unbekannten Künstlers

Auch ein im Dezember 1561 vorbereitetes Treffen der
beiden Königinnen in England kam nicht zustande. Das
Treffen hätte im August oder September 1562 in York
oder in einer anderen englischen Stadt stattfinden sollen,
doch im Juli schickte Elisabeth Sir Henry Sidney nach
Edinburgh, um das Treffen wegen des französischen
Bürgerkrieges abzusagen.

1563 schlug die englische Königin der schottischen
Herrscherin eine Heirat mit Robert Dudley, 1. Earl von
Leicester (1532–1588), vor. Dudley war Engländer,
Potestant, Favorit und Vertrauter von Elisabeth. Eine
Heirat mit ihm hätte die Probleme zwischen den beiden
Königinnen gelöst. Ein Botschafter von Elisabeth
übermittelte Maria Stuart die Nachricht, wenn diese
jemanden nach der Wahl Elisabeths heiraten würde,
werde sie dafür sorgen, dass Maria die verbriefte
Bestätigung als nächste Cousine und Erbin des Thrones
bekäme. Doch der Vorschlag blieb erfolglos. Robert
Dudley tat alles. um diese Heiratspläne zu verhindern.

Als potentielle Ehemänner für die jung verwitwete Maria
Stuart waren auch die Könige von Schweden, Dänemark
und Frankreich, Erzherzog Karl von Österreich, Don
Carlos von Spanien, die Herzöge von Ferrara, Namur
und Anjou im Gespräch. Sie zeigte an Don Carlos
(1545–1568) ernsthaftes Interesse, aber dessen Vater
König Philipp II. entschied sich gegen eine solche
Verbindung, weil ihn diese zu sehr in Gegensatz zu
England gebracht hätte.

Don Carlos von Spanien (1545–1568),
ein potentieller Ehemann von Maria Stuart
Bild: Reproduktion eines Gemäldes
von Alonso Sánchez Coello um 1558,
Original im Museo Nacional del Prado, Madrid

Heinrich Stuart,
Lord Darnley (1545–1567),
zweiter Ehemann
von Maria Stuart
Bild: Reproduktion eines Gemäldes

Königin Maria Stuart von Schottland (rechts)
und ihr Gemahl Heinrich Stuart,
Lord Darnley (links)
Bild: Reproduktion eines Gemäldes
eines unbekannten Künstlers

Überraschend verliebte sich die 22-jährige Maria Stuart
1565 Hals über Kopf in ihren 19-jährigen katholischen
Cousin ersten Grades Heinrich Stuart, Lord Darnley
(1545–1567), den Sohn von Matthew Stuart, 4. Earl of
Lennox (1516–1571). Durch seine Mutter Margaret
Douglas war Darnley ein Urenkel von König Heinrich
VII. von England. Außer seiner Verwandtschaft mit dem
schottischen und dem englischen Königshaus sowie
seinem guten Aussehen sprach aber nichts für Darnley.
Er war ein eitler und weichlicher Opportunist und neigte
– laut Online-Lexikon „Wikipedia" – zu jugendlichen
Eskapaden.

Die Ehe mit dem katholischen Lord Darnley im Juli
1565 im Holyrood Palace löste in Schottland einen
Aufstand der protestantischen Lords aus. Daran be-
teiligte sich auch Maria Stuarts illegetimer Halbbruder,
James Stuart, 1. Earl von Moray, der Führer der protestantischen Partei. Maria begab sich am 26. August
1565 nach Stirling, trat den Rebellen entgegen und kehrte
im September jenes Jahres nach Edinburgh zurück, um
weitere Truppen zu organisieren. Die Rebellion konnte
rasch niedergeschlagen werden und Moray flüchtete mit
seinen Anhängern ins Exil nach England. Danach plante
Maria die Rückkehr ihres Landes zum katholischen
Glauben und ein bewaffnetes Vorgehen gegen England.
Die Ehe mit dem Katholiken Darnley verärgerte auch
Elisabeth I. Tudor. Sie vertrat die Auffassung, dass diese
Heirat nur mit ihrer Erlaubnis hätte stattfinden dürfen,

David Rizzio (um 1533–1566),
Dichter und Musikant aus Piemont,
königlicher Sekretär und Berater
von Königin Maria Stuart
Bild: Reproduktion eines Gemäldes

weil Darnley ein englischer Untertan sei. Wegen des
königlichen Blutes von Darnley stellte die Ehe eine
Bedrohung für Elisabeth dar. Jedes Kind aus dieser
Verbindung hätte einen gerechtfertigten Anspruch
sowohl auf den schottischen als auch auf den englischen
Thron gehabt.

Bereits wenige Monate nach der Hochzeit von Maria
Stuart mit Darnley gab es Spannungen zwischen dem
jung vermählten Herrscherpaar. Der Lebenswandel von
Lord Darnley sorgte in Edinburgh für Skandale und
Maria zeigte kein Interesse mehr an ihrem jungen
Ehemann. Darnley verlangte immer deutlicher die
Gewährung der tatsächlichen Rechte eines Königs
seitens des Parla-ments. Maria räumte ihm zwar den
königlichen Titel („crown matrimonial") ein, aber keine
damit verbundene Macht.

Obwohl ihr Gatte schon lange nicht mehr in ihr Bett
durfte, wurde Maria Stuart plötzlich schwanger. Als Vater
verdächtigte man den königlichen Sekretär und Berater
David Rizzio (um 1533–1566), einen Dichter und
Musikanten aus Piemont, mit dem Maria eng befreundet
und vertraut war. Der eifersüchtige Darnley glaubte
offenbar Gerüchten, dass Rizzio der Liebhaber seiner
Frau sei. Er ging einen Pakt mit führenden protestantischen Adligen ein und verfolgte vermutlich das
Ziel, die Macht und den Titel eines Königs von
Schottland zu ergreifen. Die Absichten seiner Mitver-
schwörer waren nicht recht klar. Damals waren

Jakob VI. (um 1566–1625),
Sohn von Königin Maria Stuart
von Schottland
Bild: Reproduktion eines Gemäldes
von Arnold van Brounckhorst (1565–1580)

Gewalttaten schottischer Lords und politische Seiten-
wechsel üblich.

Am Abend des 9. März 1566 drangen schottische Lords
unter Führung von Darnley in das kleine Esszimmer
von Maria Stuart im Holyrood Palace ein. Darnley hielt
die im sechsten Monat schwangere Königin fest,
während die adligen Verschwörer Rizzio im Vorzimmer
mit 56 Stichen ermordeten. Einer der Verschwörer
richtete sich sogar gegen die Königin, aber Darnley stellte
sich schützend vor sie. Die Verschwörer stellten Maria
unter Hausarrest, gerieten aber in Bedrängnis, als diese
heftige Wehen vortäuschte. Denn Maria war mit dem
Thronfolger schwanger und eine Fehlgeburt war nicht
im Interesse von Darnley. Die Königin umgarnte ihren
beunruhigten Gatten und versprach ihm, sie würde seine
Forderungen erfüllen. Darnley verriet seine Kumpane
und verhalf Maria zur Flucht. Als die Königin in
Sicherheit war, scharte sie ein Heer um sich. Die
Aufständischen und der fanatische Calvinist John Knox,
der den Aufstand stürmisch begrüßt hatte, flohen ins
Ausland.

Am 19. Juni 1566 brachte Maria Stuart den Thronfolger
Jakob VI. (1566–1625) im Edinburgh Castle zur Welt.
Die unvermählte und kinderlose Königin Elisabeth I.
war davon tief getroffen, schickte jedoch ein goldenes
Taufbecken und unterbreitete Maria Stuart das Kompro-
missangebot, sie solle den Protestantismus akzeptieren
und auf den englischen Thron verzichten, den erst ihre

James Hepburn,
4. Earl von Bothwell (1536–1578),
dritter Ehemann von Königin Maria Stuart von Schottland
Bild: Reproduktion eines Gemäldes
eines unbekannten Künstlers

Kinder besteigen sollten. Die Schottenkönigin lehnte dies ab.

Im Oktober 1566 besuchte Maria Stuart spontan James Hepburn, 4. Earl von Bothwell (1536–1578), auf seiner Burg Hermitage Castle, als sie von seiner Erkrankung erfuhr. Maria begann ein Verhältnis mit ihm, obwohl beide verheiratet waren. Dies geschah, obwohl die Königin selbst ein Edikt erlassen hatte, wonach Ehebruch mit dem Tod bestraft wurde.

Am 16. Dezember 1566 wurde der schottische Thronfolger auf den Namen Jakob getauft. Der inzwischen von Maria kaltgestellte Darnley nahm an der Taufe nicht teil.

Darnley zog sich zunehmend den Hass schottischer Lords zu. Er floh nach Glasgow zu seinem Vater und erkrankte schwer (vermutlich an Syphillis oder an Pocken).

Im November 1566 schworen schottische Adlige in Anwesenheit von Maria Stuart auf Schloss Craigmillar, dass sie Darnley zum Wohle des Staates beseitigen würden. Marias Mitwisserschaft an diesem mörderischen Plan ist wahrscheinlich. Hauptdrahtzieher war offenbar James Hepburn, 4. Earl von Bothwell.

Am 22. Januar 1567 ritt Maria Stuart zu ihrem Ehemann nach Glasgow und überredete ihn, nach Edinburgh zurückzukehren. Statt ihn in einem Schloss unterzubringen, brachte man ihn – angeblich wegen Ansteckungsgefahr – im abgelegenen Haus Kirk o'Field unter, wo Maria ihn oft besuchte. Dies erweckte den Eindruck, eine Versöhnung zwischen beiden Eheleuten stehe bevor.

Am Abend des 9. Februar 1567 besuchte Maria Stuart in Edinburgh wieder ihren erkrankten Mann und eilte danach ins Schloss zu einem Maskenball zurück. Etliche Stunden später, am Morgen des 10. Februar 1567, explodierte das Haus, in dem Darnley wohnte, und dieser lag tot im Garten. Weil er unbekleidet und unverletzt war, dürfte er auf der Flucht erdrosselt worden sein. Ein Zeuge sah kurz zuvor am Tatort Bothwell, den Vertrauten von Maria Stuart.

Die Ermordung ihres Gatten schadete dem Ansehen von Maria Stuart sehr. Der wegen des Anschlages angeklagte Bothwell überstand ungeschoren einen Scheinprozess gegen ihn und wurde am 12. April 1567 freigesprochen. Die Einwohner von Edinburgh konnte dies nicht besänftigen.

Freunden gegenüber verriet der noch gebundene Adlige, dass er Maria Stuart heiraten wolle. Am 24. April 1567 besuchte die Königin in Stirling Castle zum letzten Mal ihren Sohn Jakob. Auf dem Rückweg nach Edinburgh wurde Maria durch Bothwell und seine Männer „entführt" und verbrachte einige Tage und Nächte im Schloss von Dunbar. Dort versprach die Königin dem Earl die Heirat. Ob dies aus freien Stücken oder erst nach einer Erpressung oder sogar Vergewaltigung geschah, weiß man nicht.

Am 3. Mai 1567 ließ sich Bothwell von seiner Frau
scheiden. Drei Tage später kehrte er mit Maria Stuart
nach Edinburgh zurück. Am 12. Mai 1567 vergab Maria
ihrem Entführer öffentlich, indem sie ihn zum Herzog
von Orkney erhob. Nur drei Monate nach der Ermordung ihres Gatten Darnley heiratete die Königin am
15. Mai 1567 im Holyrood Palace dessen mutmaßlichen
Mörder. Diese Eheschließung nach protestantischem
Ritus entzweite die schottischen Lords und ein Teil von
ihnen forderte die Abdankung von Maria. In der Gegend
bei Carberry Hill, acht Kilometer von Edinburgh
entfernt, trafen Königstreue und Oppositionelle am 15.
Juni 1567 aufeinander. Aber Bothwells Truppen
weigerten sich, für eine verlorene Sache zu kämpfen.
Daraufhin ergab sich die Königin kampflos den Fürsten
ihres Landes.
Maria Stuart wurde am 17. Juni 1567 von schottischen
Lords auf die Inselfestung Lochleven gebracht und
dort eingesperrt. Die dortige Schlossherrin Lady
Margaret Douglas von Lochleven, die einstige Ge-
liebte von Maria Stuarts Vater und Mutter ihres
Stiefbruders Moray, behandelte Maria nicht wie eine
Gefangene, sondern wie einen Gast. Sie stellte ihr eine
Zimmerflucht zur Verfügung und ließ sie von Lakaien
bedienen.
Bothwell floh auf die Orkney-Inseln und Moray
verfolgte ihn. Während der weiteren Flucht geriet
Bothwell in Seenot und wurde vor der norwegischen

Küste von einem dänischen Kriegsschiff aufgegriffen.
Er blieb in Dänemark in Haft, bis er 1758 starb.
Am 24. Juli 1567 erzwang Maria Stuarts Halbbruder
James die Abdankung der Königin zugunsten ihres
Sohnes Jakob VI. Den knapp einjährigen Jungen hat
man fünf Tage später in der Holy Rude Church in
Stirling als König Jakob VI. gekrönt. Als dessen
Vormund fungierte James Stuart, Earl von Moray.
Während der Gefangenschaft in Lochleven erlitt Maria
Stuart im Juli 1567 eine Fehlgeburt von Zwillingen, die
von Bothwell stammen sollen. Angeblich verliebte sich
der junge Lord George Douglas von Lochleven in sie.
Ein erster Fluchtversuch mit dessen Hilfe schlug am
25. März 1568 fehl. Aber knapp ein Jahr nach ihrer
Gefangennahme entkam Maria am 2. Mai 1568 aus
Lochleven und wurde über den See gerudert. Einige
Tage später kämpfte ein Heer von rund 6.000 Getreuen
für Maria, wurde aber am 13. Mai 1568 bei Langside –
heute ein Stadtteil von Glasgow – von Moray ver-
nichtend geschlagen. Maria konnte flüchten.
Nach der Überfahrt in einem Fischerboot über den Golf
von Solway betrat Maria Stuart am 16. Mai 1568 in
Carlisle englischen Boden. Dort bat sie ihre Großcousine
Königin Elisabeth I. Tudor um Hilfe gegen die
rebellierenden schottischen Adligen. Elisabeth weigerte
sich, Maria zu empfangen und hinderte sie daran, nach
Frankreich weiterzureisen. Stattdessen ließ sie Maria im
Bolton Castle in Yorkshire festsetzen.

Bolton Castle in Yorkshire
diente 1568/1569
als Gefängnis für Maria Stuart.
Bild: Reproduktion
einer Lithographie
eines unbekannten Künstlers

James Douglas,
4. Earl von Morton (1525–1581)
Bild: Reproduktion
eines Gemäldes
von Herbert Maxwell

Elisabeth I. Tudor war nicht abgeneigt, Maria Stuart wieder auf den schottischen Thron zu helfen. Denn sie konnte es nicht hinnehmen, dass rebellische Untertanen über eine Königin richteten. Aber Maria wollte den Vertrag von Edinburgh aus dem Jahre 1560 nicht akzeptieren und nicht auf ihren Anspruch auf den englischen Thron verzichten. Deswegen schwankte Elisabeth zwischen der Anerkennung der Gegner von Maria oder der Hilfe zu deren Gunsten.

Anfangs wollte Elisabeth pro forma klären lassen, ob Maria wegen des Mordes an Lord Darnley verurteilt werden solle. Aus diesem Grund ordnete sie eine Untersuchung an, die zwischen Oktober 1568 und Januar 1569 in York erfolgte. Dabei wünschte die englische Königin weder eine Verurteilung wegen Mordes, noch einen Freispruch.

Maria Stuart berief sich darauf, dass sie eine rechtmäßige Königin sei und deswegen von keinem Gericht verurteilt werden könne. Ihr Halbbruder, der Earl von Moray, hatte inzwischen die Regierungsgeschäfte in Schottland übernommen, wollte Maria aus Schottland heraushalten und ihre Anhänger kontrollieren.

Schottische Gegner von Maria Stuart präsentierten der Untersuchungskommission in York acht belastende Briefe, welche die schottische Königin angeblich an den Earl von Bothwell geschrieben haben sollte. James Douglas, 4. Earl von Morton (1525–1581), behauptete, diese so genannten Kassettenbriefe („Casket Letters") seien in Edinburgh in einer silbernen Schatulle mit einem eingravierten „F" (angeblich für Franz II., den ersten Ehemann von Maria) zusammen mit anderen Dokumenten (darunter die Heiratsurkunde von Maria und Bothwell) gefunden worden.

Maria weigerte sich, vor Gericht zu erscheinen. Sie wollte erst dann eine schriftliche Verteidigung liefern, wenn Elisabeth ihr den Freispruch garantierte. Aber dieser Vorschlag wurde abgelehnt. Nach einer Untersuchung der Handschrift und des Inhalts betrachtete die Kommission die Kassettenbriefe als echt, zog aber den Schluss, der Mord an Lord Darnley könne damit nicht bewiesen werden. Dieses Ergebnis war genau im Sinn von Elisabeth.

Unter Historikerin ist die Echtheit der Kassettenbriefe umstritten. Die Originale wurden 1584 vernichtet. Bei den noch vorhandenen Kopien handelt es sich mit einer Ausnahme um Übersetzungen aus dem französischen Original. Maria Stuart meinte, es sei nicht schwierig, ihre Handschrift nachzuahmen.

Nach der Untersuchung in York verbrachte Maria Stuart 18 Jahre unter teilweise angenehmen Bedingungen in verschiedenen englischen Burgen und Schlössern – wie Bolton Castle, Chatsworth House, Sheffield, Buxton, Tutbury, Chartley und Fotheringhay – in Haft. Ihre Aufenthaltsorte befanden sich weit genug von Schottland und London entfernt. Während der meisten Zeit befand sie sich unter der Obhut von George Talbot,

6. Earl von Shrewsbury, und seiner Ehefrau Bess von Hardwick.
Repräsentanten des französischen Königs Karl IX. überzeugten 1570 Elisabeth I. Tudor, Maria Stuart wieder auf den schottischen Thron zu bringen. Sie war dazu unter der Vorbedingung bereit, dass Maria den Vertrag von Edinburgh unterschreibt, doch diese war dazu nicht bereit. Trotzdem verhandelte William Cecil, 1. Baron Burghley (1521–1598), auf Weisung von Elisabeth weiter mit Maria. Einer persönlichen Begegnung zwischen den beiden Königinnen, die Maria stets herbeiwünschte, wich Elisabeth immer aus.

Elisabeth I. Tudor überdachte ihr Vorgehen neu nach der so genannten Ridolfi-Verschwörung. Dabei handelte es sich um einen Plan zur Ermordung von Königin Elisabeth und zur Einsetzung von Maria Stuart durch spanische Truppen. In diesen Plan war Maria eindeutig verwickelt.

1570 annullierte der Papst die Ehe von Maria Stuart mit James Hepburn Bothwell. Später begehrte Thomas Howard, Herzog von Norfolk (1536–1572), die gefangene Maria Stuart. Er wollte sie befreien und heiraten. Der Herzog wurde wegen einer Verschwörung gegen Elisabeth hingerichtet.

Auf Veranlassung von Elisabeth I. Tudor verabschiedete das englische Parlament 1572 ein Gesetz, das Maria Stuart von der englischen Thronfolge ausschloss. doch unerwartet verweigerte Elisabeth ihre Zustimmung zu

William Cecil, 1. Baron Burghley (1521–1598),
leitete für Elisabeth I. Tudor die Politik von England.
Bild: Reproduktion eines Gemäldes
aus der Werkstatt von Marcus Gheeraerts
dem Jüngeren (1561/1562–1636)

Thomas Howard,
Herzog von Norfolk (1536–1572),
wollte Maria Stuart befreien und heiraten.
Bild: Reproduktion eines Gemäldes
von Hans Holbein dem Jüngeren

Francis Walsingham (1532–1590),
Meisterspion im Dienst von Elisabeth I. Tudor.
Bild: Reproduktion eines Gemäldes
von John de Critz (1551 / 1552–1642)
um 1587

Könign Maria Stuart
von Schottland
im reiferen Alter
Bild: Reproduktion eines Gemäldes
eines unbekannten Künstlers

diesem Gesetz, da sie erneut ihre Meinung geändert hatte.

Im Sommer 1586 erhielt Maria Stuart den Brief des katholischen Verschwörers Anthony Babington (1561–1586), der die Ermordung von Elisabeth I. Tudor und die Befreiung von Maria Stuart mit spanischer Hilfe plante, die Einzelheiten seines Vorhabens schilderte und um Zustimmung hierfür fragte. Ihr Antwortbrief vom 17. Juli 1586 gelangte in die Hände von Francis Walsingham (1532–1590), des Ratgebers der englischen Königin, die einen Prozess wegen Hochverrats befahl. Man verhaftete Babington, verurteilte ihn als Hochverräter und vierteilte ihn.

Ein aus 40 teilweise katholischen Adligen bestehendes Gericht verurteilte Maria Stuart am 25. September 1586 im Schloss Fotheringhay wegen Hochverrats zum Tode. Das Todesurteil wurde von Elisabeth I. Tudor erst am 1. Februar 1587 widerwillig unterschrieben. Maria erfuhr am 7. Februar 1586, dass sie am nächsten Morgen enthauptet werden solle. Sie verfasste in der Nacht einige Abschiedsbriefe, verabschiedete sich von ihren Getreuen und ließ sich sorgfältig ankleiden. In einem Abschiedsbrief schrieb sie: „Ich sterbe lieber tausend Tode, als anzuerkennen, dass ich Untertan von irgendjemand bin." Den Beistand durch einen katholischen Priester und die „Letzte Ölung" verweigerte man ihr. Königin Elisabeth versuchte noch erfolglos, den Gefängniswärter Sir Amyas

Hinrichtung von Maria Stuart
in Fothering Castle (Northamptonshire)
am 8. Februar 1587
Bild. Reproduktion eines Gemäldes
eines unbekannten Künstlers

*Persönliches Stundenbuch von Maria Stuart
(mit eigenhändig geschriebenen Randnotizen),
das sie mit auf das Schafott brachte,
Original in der
Russischen Nationalbibliothek in Sankt Petersburg
Bild: via Wikimedia Commons,
Lizenz: gemeinfrei*

Paulet dazu zu bringen, Maria zu ermorden, um die öffentliche Hinrichtung zu vermeiden.

Zur Hinrichtung in Fotheringhay Castle (Northamptonshire) am 8. Februar 1587 ging Maria Stuart ruhig und gefasst. Laut „Wikipedia" erschien sie an der Hinrichtungsstätte wie eine Nonne in einem schwarzen Satinkleid, das mit schwarzem Samt gesäumt war. Am Gürtel trug sie zwei Rosenkränze. Ein weißer Schleier bedeckte ihr Haar. Am Schafott legte sie den Schleier und die dunkle Überbekleidung ab. Nun trug sie ein dunkelrotes Satinmieder. Die rote Farbe ihrer Unterkleidung hatte sie vermutlich bewusst gewählt, weil die Farbe Rot Märtyrertum, Mut und königliches Blut symbolisiert.

Maria stieg zum Henker auf das Schafott, kniete sich vor den Richtblock und umfasste das Holz mit beiden Händen. Der unerfahrene und nervöse Henker benötigte drei Schläge mit der Axt, um den Kopf von Maria Stuart vom Körper zu trennen. Rund 200 Adlige waren Augenzeugen der Hinrichtung. Der erste Hieb des Beils prallte an ihrem Schädel ab, der zweite traf ihren Nacken, aber es war noch ein dritter nötig, um den Kopf vom Rumpf zu trennen. Laut Legende wollte der Scharfrichter nach der Hinrichtung den Kopf hochhalten, doch er ergriff nur eine Perücke. Der Kopf fiel herunter und rollte auf das Schafott. Angeblich hatte sich der Schoßhund (ein King Charles Spaniel) in den Gewändern der schottischen Königin versteckt und

Flugschrift zu
„Execution Oder Todt Marien Stuarts"
gedruckt 1587 in Erfurt
Bild: Reproduktion des Titelblattes
der Flugschrift

König Jakob VI. von Schottland (1566–1625)
wurde 1603 nach dem Tod von Elisabeth I. Tudor
als Jakob I. auch König von England
Bild. Reproduktion eines Gemäldes
von Paulus van Somer (um 1577–1621)

wurde nach der Hinrichtung blutüberströmt von der Leiche entfernt. Maria ist zunächst in der Kathedrale von Peterbourough beigesetzt worden.

Königin Elisabeth I. Tudor, die das Todesurteil für Maria Stuart unterschrieben hatte, tat so, als sei die Hinrichtung von übereifrigen Untergebenen eigenmächtig durchgeführt worden. Diesen Eindruck versuchte sie auch in einem Schreiben an den schottischen König Jakob VI. zu erwecken, der gegen die Hinrichtung seiner Mutter protestierte, um die Form zu wahren.

Nach dem Tod von Königin Elisabeth I. Tudor am 24. März 1603 wurde Maria Starts Sohn, Jakob VI. von Schottland, als Jakob I. auch König von England und Irland. Er war einer der markantesten Vertreter der Lehre vom „göttlichen Recht der Könige".

1612 hat man die Leiche von Maria Stuart exhumiert, als ihr Sohn die Beisetzung in der Westminster Abbey in London anordnete. Die Gräber der beiden Königinnen, Elisabeth I. Tudor und Maria Stuart, befinden sich nur neun Meter weit voneinander entfernt in Westminster Abbey. So nah waren sich die beiden Großcousinen im Leben vorher nie gewesesen.

Das abenteuerliche Leben und der tragische Tod der schottischen Königin standen oft im Mittelpunkt von Literatur, Musik und Film.

Grabmal von Königin Maria Stuart
von Schottland
in der Westminster Abbey in London
Bild: Bernard Gagnon (via Wikimedia Commons),
lizensiert unter CreativeCommons-Lizenz
by-sa-3.0.de
http://creativecommons.org/licenses/by-sa/3.0/deed.de

DER AUTOR

Ernst Probst, geboren am 20. Januar 1946 in Neunburg vorm Wald im bayerischen Regierungsbezirk Oberpfalz, ist Journalist und Wissenschaftsautor. Er arbeitete von 1968 bis 1971 als Redakteur bei den „Nürnberger Nachrichten", von 1971 bis 1973 in der Zentralredaktion des „Ring Nordbayerischer Tageszeitungen" in Bayreuth und von 1973 bis 2001 bei der „Allgemeinen Zeitung", Mainz. In seiner Freizeit schrieb er Artikel für die „Frankfurter Allgemeine Zeitung", „Süddeutsche Zeitung", „Die Welt", „Frankfurter Rundschau", „Neue Zürcher Zeitung", „Tages-Anzeiger", Zürich, „Salzburger Nachrichten", „Die Zeit", „Rheinischer Merkur", „Deutsches Allgemeines Sonntagsblatt", „bild der wissenschaft", „kosmos", „Deutsche Presse-Agentur" (dpa), „As-.sociated Press" (AP) und den „Deutschen Forschungsdienst" (df). Aus seiner Feder stammen die Bücher „Deutschland in der Urzeit" (1986), „Deutschland in der Steinzeit" (1991), „Rekorde der Urzeit" (1992), „Dinosaurier in Deutschland" (1993 zusammen mit Raymund Windolf) und „Deutschland in der Bronzezeit" (1996). Ab 2000 veröffentlichte er eine 14-bändige Taschenbuchreihe über berühmte Frauen. Von 2001 bis 2006 betätigte sich Ernst Probst als Buchverleger.

BÜCHER
VON ERNST PROBST

Superfrauen 1 – Geschichte
Superfrauen 2 – Religion
Superfrauen 3 – Politik
Superfrauen 4 – Wirtschaft und Verkehr
Superfrauen 5 – Wissenschaft
Superfrauen 6 – Medizin
Superfrauen 7 – Film und Theater
Superfrauen 8 – Literatur
Superfrauen 9 – Malerei und Fotografie
Superfrauen 10 – Musik und Tanz
Superfrauen 11 – Feminismus und Familie
Superfrauen 12 – Sport
Superfrauen 13 – Mode und Kosmetik
Superfrauen 14 – Medien und Astrologie
Superfrauen aus dem Wilden Westen
Königinnen der Lüfte von A bis Z
Königinnen des Tanzes
Elisabeth I. Tudor. Die jungfräuliche Königin
Pocahontas. Die Indianerprinzessin aus Virgninis

Liesel Bach. Deutschlands erfolgreichste
Kunstfliegerin
Pancho Barnes. Amerkas erste Stuntpilotin
Melli Beese. Die erste Deutsche mit Pilotenlizenz
Elly Beinhorn. Deutschlands Meisterfliegerin
Vera von Bissing. Eine Kunstfliegerin
der 1930-er Jahre
Marga von Etzdorf. Die tragische deutsche Fliegerin
Luise Hoffmann. Die erste deutsche Einfliegerin
Rita Maiburg. Einer der ersten weiblichen
Linienflugkapitäne
Marie Marvingt. Die „Mutter der Luftambulanz"
Käthe Paulus. Deutschlands erste Luftschifferin
Thea Rasche. The Flying Fräulein
Marina Raskowa. Eine fliegende „Heldin
der Sowjetunion"
Wilhelmine Reichard. Die erste Ballonfahrerin
in Deutschland
Hanna Reitsch. Die Pilotin der Weltklasse
Lisl Schwab. Eine Kunstfliegerin
aus den 1930-er Jahren
Melitta Gräfin Schenk von Stauffenberg.
Deutsche Heldin mit Gewissensbissen
Sabine Trube. Die deutsche Düsenjet-Kommandantin
Beate Uhse. Deutschlands erste Stuntpilotin

Rekorde der Urzeit. Landschaften, Pflanzen und Tiere
Rekorde der Urmenschen. Erfindungen, Kunst
und Religion
Archaeopteryx. Der Urvogel aus Bayern
Der Ur-Rhein. Rheinhessen
vor zehn Millionen Jahren
Höhlenlöwen. Raubkatzen im Eiszeitalter
Säbelzahnkatzen. Von Machairodus bis zu Smilodon
Der Höhlenbär
Monstern auf der Spur. Wie die Sagen über Drachen,
Riesen und Einhörner entstanden
Affenmenschen. Von Bigfoot bis zum Yeti
Seeungeheuer. Von Nessie
bis zum Zuiyo-maru-Monster
Der Schwarze Peter. Ein Räuber im Hunsrück
und Odenwald
Der Ball ist ein Sauhund. Weisheiten und Torheiten
über Fußball (zusammen mit Doris Probst)
Worte sind wie Waffen. Weisheiten und Torheiten
über die Medien (zusammen mit Doris Probst)
Meine Worte sind wie die Sterne. Die Entstehung
der Rede des Häuptlings Seattle
(zusammen mit Sonja Probst)

Bestellungen bei: http://www.grin.com